AF357353

# COLLECTION

## DE PORTRAITS

# DES CONTEMPORAINS

### D'APRÈS LES MÉDAILLONS

## DE P.-J. DAVID, D'ANGERS,

STATUAIRE, MEMBRE DE L'INSTITUT,

PUBLIÉE SOUS LA DIRECTION DE

MM. P.-J. DAVID, PAUL DELAROCHE, PEINTRE, MEMBRE DE L'INSTITUT,
ET HENRIQUEL DUPONT, GRAVEUR.

---

## *PROSPECTUS.*

La collection des médailles de M. David, quelque grande que soit sa célébrité, est généralement peu répandue. Le prix élevé du bronze, la fragilité du plâtre, la difficulté de trouver une place convenable pour une suite aussi nombreuse de portraits, expliquent comment cette œuvre d'un si haut intérêt n'a pas obtenu jusqu'à ce jour toute la popularité qu'elle mérite.

En reproduisant à l'aide du burin cette collection entière, nous croyons lever ces obstacles. Les gravures que nous offrons au public sont exactement de la même dimension que les médailles, et, pour garantir qu'elles en conservent le caractère et l'expression avec la fidélité la plus rigoureuse, il nous suffira de dire qu'elles sont exécutées sous la direction de MM. P.-J. David, d'Angers, Paul Delaroche, peintre, et Henriquel Dupont, graveur, par le procédé auquel on doit déjà les magnifiques planches du *Trésor de Numismatique*.

Pour un prix modique, on possédera donc toute cette galerie de portraits que l'on pourrait appeler la biographie figurée des personnages illustres de notre temps. La plupart des hommes qui, depuis un demi-siècle, se sont distingués, non seulement en France, mais en Europe, sont réunis dans ce noble musée, création généreuse d'un seul artiste. La tribune parlementaire, l'armée, la science, la peinture, la sculpture, les lettres, y ont toutes leurs plus dignes représentants, confondus dans une fraternité de gloire.

Parmi les illustrations militaires, nous citerons : le général Bonaparte ; les maréchaux Jourdan, Suchet, Gérard, Lefebvre, Gouvion Saint-Cyr ; les généraux Kléber, Lafayette, Hulin, Bertrand, Kosciuszko, Mina, O'Connor, Santander, Valdez ; le colonel Fabvier, André Étienne, le tambour d'Arcole, etc., etc.

Parmi les hommes politiques : Carnot, Chauvelin, Boulay ( de la Meurthe), Buonarotti, Jean de Bry, Choudieu, Condorcet, Daunou, Dumont ( de Genève ), Grégoire, La Revellière-Lepeaux, Lepelletier, Levasseur ( de la Sarthe), Merlin ( de Douai ), Merlin (de Thionville ), Sièyes, Réal, Thibaudeau, Sergent-Marceau, Barrère, Siméon, Vadier, Rœderer, Pastoret, Rouget de l'Isle, Canning, Bolivar, de Potter, Casimir Perrier, de Las Cases, Laffitte, Labbey de Pompières, Benjamin Constant, Guizot, Bérard, Arago, Dupin, Achille Roche, de Lamennais, Armand Carrel, etc., etc.

Parmi les savants : Monge, Cuvier, *Blumenbach*, *Carus*, Larrey, Duméril, *Spurzheim*, Geoffroi Saint-Hilaire, *Humboldt*, Ampère, Sylvestre de Sacy, Destutt de Tracy, *Bœttiger*, Jérémie Bentham, Visconti, *Hahnemann*, Dulong, Magendie, Lacroix, Becquerel, Orfila, de Candolle, Pentland, Volney, *Lindenau*, de Sismondi, Pouqueville, Thierry, Michelet, Charles Lenormant, Brunel, Joachim Accosta, Chevreul, *Brœndsted*, etc., etc.

Parmi les artistes : *Goethe*, Byron, Béranger, Lamartine, Victor Hugo, Casimir Delavigne, Népomucène Lemercier, George Sand, de Vigny, *Tieck*, *Chamisso*, *Werner*, Ballanche, Sénancourt; Géricault, Gros, Ingres, Horace Vernet, Paul Delaroche, *Ritschel*, *Vogel*, *Retzsch*, *Brandt*, *Stammann*, *Schinkel*, Eugène Delacroix, *Fiedrich*, Charlet, Ary Scheffer, *Dannecker*, *Rauch*, *de Klenze*; Rossini, *Spontini*, *Hummel*, madame Pasta; Talma, mademoiselle Mars, etc., etc.

Une ressemblance parfaite est le premier mérite d'un portrait. Les grands artistes n'ont jamais besoin de la sacrifier pour arriver à l'idéal. Tous ces personnages que nous venons de citer, et dont s'enorgueillit l'histoire contemporaine, semblent vivre dans les médailles de M. David : leurs inspirations sont écrites sur leurs fronts par le ciseau de notre célèbre sculpteur. A l'enthousiasme de son œuvre et au choix de ses modèles, on comprend qu'il a voulu, non pas élever uniquement un monument d'art, mais payer un tribut de reconnaissance aux services rendus soit à la patrie, soit à l'humanité. En nous associant à sa pensée, nous plaçons avec confiance notre entreprise sous la protection de tous ceux qui entretiennent en eux un vif sentiment d'admiration pour tout ce qui est grand, de tous ceux qui professent un culte

pour le courage, pour le génie, pour la vertu, et qui aiment « à en-
» tourer leurs foyers des hommes célèbres qui ont été ou qui sont en-
» core l'honneur du siècle, afin de ne pas dégénérer d'eux, afin de ne pas
» oublier les exemples qu'ils ont donnés, les routes qu'ils ont ouvertes. »
( *Introduction de la* COLLECTION *, p. 6.* )

## Conditions De la Souscription

AUX PORTRAITS DES CONTEMPORAINS.

Cette intéressante collection sera composée de tous les portraits-médaillons exécutés par M. David, d'Angers.

Elle est publiée par livraisons contenant chacune douze portraits avec un texte biographique en regard.

Il paraîtra une livraison tous les mois.— La première a été mise en vente le 15 juin 1838.

Le prix de chaque livraison est de 2 thalers 18 gros sur papier blanc, et de 5 thalers et demi sur papier de Chine, *premier tirage.*

Chaque livraison est vendue séparément, sans qu'on soit obligé de souscrire à l'ouvrage complet.

On vendra les portraits séparément au prix de 10 gros chaque sur papier ordinaire, et 20 gros sur papier de Chine.

## ON SOUSCRIT,

A PARIS, AU BUREAU DU TRÉSOR DE NUMISMATIQUE ET DE GLYPTIQUE,
RUE JACOB, 3o, PRÈS DE LA RUE DES PETITS AUGUSTINS;

### A LEIPZIG, CHEZ DESFORGES ET COMPAGNIE.

Nous ferons, pour cet ouvrage, à MM. les libraires de l'Allemagne, de l'Empire d'Autriche et de la Prusse, nos conditions ordinaires, détaillées dans notre Circulaire du 10 avril 1838.　　　DESFORGES ET COMPAGNIE.

PARIS. — IMPRIMERIE DE BOURGOGNE ET MARTINET
RUE JACOB, 30.

# COLLECTION

DE PORTRAITS

# DES CONTEMPORAINS.

PARIS. — IMPRIMERIE DE BOURGOGNE ET MARTINET
rue Jacob, n. 30.

# COLLECTION

## DE PORTRAITS

# DES CONTEMPORAINS

### D'APRÈS LES MÉDAILLONS

## De P. J. David, d'Angers,

### STATUAIRE, MEMBRE DE L'INSTITUT,

PUBLIÉE SOUS LA DIRECTION DE

MM. P. J. DAVID, PAUL DELAROCHE, PEINTRE, MEMBRE DE L'INSTITUT,

ET HENRIQUEL DUPONT, GRAVEUR,

PAR LA SOCIÉTÉ DU TRÉSOR DE NUMISMATIQUE ET DE GLYPTIQUE.

*PROCÉDÉS DE M. ACHILLE COLLAS.*

## PARIS.

### AU BUREAU DU TRÉSOR DE NUMISMATIQUE ET DE GLYPTIQUE,

RUE JACOB, 30, PRÈS LA RUE DES PETITS-AUGUSTINS;

### ET CHEZ RITTNER ET GOUPIL, ÉDITEURS, MARCHANDS D'ESTAMPES,

BOULEVART MONTMARTRE, 15.

### 1838.

# COLLECTION

## DE PORTRAITS

# DES CONTEMPORAINS.

## INTRODUCTION.

La collection de portraits dont nous publions aujourd'hui les gravures a été commencée vers l'année 1827. M. David exécutait les bas-reliefs du monument élevé au général Foy, lorsqu'il conçut le désir de conserver, dans une suite de médaillons, les traits de quelques unes de nos illustrations politiques et guerrières. Bientôt son projet s'étendit à d'autres genres de célébrité, et enfin à tous ceux d'entre les contemporains qui contribuaient à honorer et à caractériser l'époque. Cette pensée poursuivie avec prédilection, et pour ainsi dire avec religion, jusqu'à ce jour, a eu pour résultat la fondation d'une galerie unique, où presque tous les personnages de notre temps dignes de mémoire se trouvent rassemblés comme dans une sorte de Panthéon; Panthéon sans mission officielle, et toutefois plus généreux, plus stimulant que le temple désert dont M. David lui-même a récemment décoré le faîte avec tant de gloire

Les titres acquis à une juste renommée, dans toutes les directions, dans tous les rangs, ont été accueillis ou recherchés par l'artiste. Son ciseau a consacré tous ceux qui ont bien mérité du pays par l'intelligence ou par la valeur, par les inspirations de la science ou par celles de l'art, en un mot par toute influence noble et utile. De ce choix si libéral et si varié devaient nécessairement ressortir les oppositions et les rapprochements les plus heureux. C'est ainsi qu'à côté des portraits des maréchaux de l'empire, on voit celui d'André Étienne, le tambour d'Arcole; à côté de Chateaubriand, de Lamartine, de Hugo et de Musset, Théodore Lebreton, le pauvre poëte prolétaire de Rouen; à côté de Ballanche et de Sénancourt, philosophes voilés et mystérieux, Lamennais et Béranger, philosophes militants et dévoués; ou bien encore à côté de George Sand, qui règne par le droit du génie, madame Récamier, reine long-temps par la beauté, reine encore par tous les dons de la grâce et de l'esprit.

Aux gloires contemporaines M. David voulut de plus associer quelques unes des gloires qui, après avoir brillé d'un vif éclat dans les générations précédentes, se survivaient à elles-mêmes et s'éteignaient une à une dans l'ombre au milieu de nous.

Le célèbre graveur en médailles, Dupré, achevait sa vie à Meaux. Il

n'existait de lui aucun portrait. M. David se rendit près de son chevet. Ému de ce dernier hommage, le vieil artiste se sentit quelques
instants revivre. Ses traits se ranimèrent pour s'offrir en modèle au
jeune sculpteur. Deux jours après il mourut.

Il y avait aussi dans la France des Français proscrits, représentants stoïques de la Révolution. La piété patriotique de M. David se souvint d'eux.
Il est intéressant d'entendre raconter par lui-même avec quelle difficulté
et dans quel abandon il trouva plusieurs d'entre eux. Rien n'est plus
touchant, par exemple, que la découverte qu'il fit de Levasseur de la
Sarthe, isolé, malheureux, mais résigné, se chauffant à un pauvre feu,
dans un couvent abandonné du Mans. Dans cette série politique on
distingue les portraits de Jean de Bry, Filippo Buonarotti, René
Choudieu, Grégoire, Merlin, Réal, Thibeaudeau, Vadier, Barrère,
et de plusieurs autres auxquels il faudrait ajouter une liste de membres
de la Constituante et de publicistes.

Ces sympathies générales et élevées qui avaient toujours guidé M. David
dans son œuvre, jusque là presque exclusivement nationale, lui conseillèrent d'enrichir sa collection d'illustrations étrangères. Il lui parut
que s'il animait à nos yeux les noms les plus célèbres dans les pays émules
de la France, s'il les revêtait de leurs propres traits, de leur physionomie réelle, il contribuerait ainsi pour sa part, en nous faisant faire
avec eux une connaissance plus intime, à augmenter les rapports et à
resserrer les liens entre les nationalités. C'était un complément naturel
de sa pensée première : c'était continuer, d'après un même principe,

cette galerie de portraits d'une grande famille où tout homme distingué devait trouver une place, quelle que fût la nature de son génie, et en quelque condition, en quelque lieu que le sort l'eût fait naître.

Presque tous les étrangers de renom qui venaient à Paris visitaient l'atelier de M. David, et y laissaient leurs portraits. Ce n'était pas assez. M. David entreprit des voyages. Deux fois il parcourut l'Allemagne. Il séjourna à Weimar où il sculpta la tête olympienne de Goëthe au milieu d'entretiens sur l'art du plus haut intérêt. De ces deux excursions, il rapporta les médaillons de littérateurs allemands du premier ordre, tels que Tieck, Chamisso et Borne; les médaillons des peintres Friedrich, Retsch, Vogel; des sculpteurs Rauch, Dannecker, Ritschel; des architectes de Klenze, Schinkel, de Stamman; du médailleur Brandt, du compositeur Hummel, de l'antiquaire Bottiger, du philosophe Schelling, du naturaliste Blumenbach, des médecins Carus, Hahnemann. Un autre voyage en Angleterre ajouta entre autres portraits ceux de plusieurs femmes célèbres, mesdames Mary Sommerville, Morgan, Opie; celui de Bentham, qui, parmi tous ces étrangers illustres, ne fut pas le moins frappé de la généreuse ardeur de l'artiste français.

D'autres beaux talents, de nobles courages, vinrent plus tard se prêter aux vœux de M. David. C'étaient de grands désastres qui les amenaient ainsi poser devant lui. Qu'il suffise de nommer les poëtes Mischiewicz et Niemcewicz.

Dans la collection, tous les noms ne sont pas également célèbres : on remarque quelques concessions à l'amitié. Mais ces médaillons, en très petit nombre, auxquels nous faisons allusion, ne sont point par eux-mêmes sans intérêt: l'art et l'observation ont toujours su tirer avantage de ces études.

Si l'idée de cette vaste entreprise fut nouvelle, l'exécution ne le fut pas moins, même à la considérer uniquement sous le rapport matériel. Les médaillons de M. David se distinguent de ceux que l'on faisait auparavant par leur relief et par leur dimension. La saillie est en général beaucoup plus forte qu'on n'avait cru pouvoir l'admettre encore dans ce genre qui relie l'art du sculpteur à celui de médailliste. Il en résulte plus de caractère, plus d'expression, plus d'effet. Toutefois, le relief n'a pas été indistinctement augmenté dans tous les portraits : il a suivi les proportions inégales d'énergie et de tempérament qu'offrait la diversité même des physionomies. Quant à la dimension particulière des médaillons, en s'éloignant à la fois de la miniature et de la grandeur naturelle, elle place le spectateur au point de vue le plus favorable pour maintenir l'attention idéale sans faire perdre aucune des illusions de la réalité.

Nous avons essayé d'indiquer rapidement ce que mérite d'intérêt cette suite de portraits, surtout sous le rapport historique. Elle embrasse tant de gloires diverses qu'il ne se trouvera certainement personne dont elle ne satisfasse au moins quelques sympathies. Quel homme peut se dire tout-à-fait exempt de cette douce et pieuse idolâtrie qui attache et suspend si souvent l'âme à des figures aimées, à des images révérées? Un des plus puissants moyens extérieurs d'émulation est la présence continuelle autour de nous de ceux qui ont honoré leur pays et l'humanité. On se sent plus encouragé, meilleur, plus fort sous leurs regards. Cela est vrai en philosophie comme en religion. Il faudrait plaindre celui qui ne sentirait aucune émotion devant le portrait d'un homme vertueux. Les anciens connaissaient bien cette souveraine influence : ils peuplaient les places et les rues des bustes et des statues de leurs sages, de leurs artistes, de leurs citoyens les plus dévoués. Un de leurs historiens cite l'exemple d'une courtisane qui, à la vue d'un portrait du philosophe Polémon, rentra en elle-même et abandonna sa profession honteuse. La vie des anciens était tout extérieure : la nôtre est surtout intérieure. Entourons donc notre foyer des hommes célèbres qui ont été ou qui sont encore l'honneur du siècle, afin de ne pas dégénérer d'eux, afin de ne pas oublier un seul moment les exemples qu'ils nous ont donnés, les routes qu'ils nous ont ouvertes.

Si nous insistons particulièrement sur l'appréciation du but moral de la collection, c'est que le nom de M. David nous dispense de tout développement sur la valeur purement esthétique. Seulement il peut être utile de remarquer que le procédé de gravure adopté par les éditeurs garantit la reproduction la plus rigoureusement fidèle que l'on puisse imaginer de toutes les qualités des médaillons. Ce procédé a subi avec le plus éclatant succès tous les genres d'épreuves depuis quatre ans; son infaillible précision est écrite sur toutes les planches du *Trésor de numismatique et de glyptique*.

En terminant, qu'il nous soit permis d'adresser des remerciements à M. David pour le désintéressement absolu avec lequel il a bien voulu nous autoriser à graver sa collection. Nous n'apprenons rien au lecteur en faisant cette déclaration : on sait combien cet honorable artiste a toujours scrupuleusement distingué et séparé les inspirations auxquelles obéissait son génie, des préoccupations ordinaires de l'intérêt personnel; mais c'est un devoir que nous avions besoin de remplir. Il était d'ailleurs nécessaire de mettre le lecteur dans cette confidence, afin que l'on se rendit compte, de la manière la plus naturelle, de l'extrême modicité du prix de notre publication.

ARAGO (Dominique-François), né à Estagel près Perpignan (Pyrénées-Orientales) le 26 février 1786, astronome, député de la ville de Perpignan, membre du Bureau des longitudes, l'un des secrétaires perpétuels de l'Académie des Sciences, etc., etc., officier de la Légion-d'Honneur, etc., etc.

BOLIVAR Y PONTE (Simon), né à Caraccas le 24 juillet 1783, *el Libertador* (le Libérateur), président de la république de Colombie, fondateur de la république de Bolivie, mort à Carthagène le 17 décembre 1830.

CARREL (Nicolas-Armand), né à Rouen le 8 mai 1800, rédacteur en chef du journal *le National*, mort à Saint-Mandé près Paris le 24 juillet 1836.

DAVID (Émilie), épouse de M. David d'Angers, statuaire, membre de l'Institut, née à Paris le 12 mars 1812.

DE LAROCHE (Hippolyte-Paul), né à Paris le 17 juillet 1797, peintre, membre de l'Institut, professeur à l'École royale des Beaux-Arts, officier de la Légion-d'Honneur.

Paul Sébastiche
P. David 1832

DELAVIGNE (Jean-François-Casimir), né au Havre-de-Grâce (Seine-Inférieure) en 1794, poëte, membre de l'Académie française, chevalier de la Légion-d'Honneur.

GRÉGOIRE (Henri, comte), né à Vého, près Lunéville, département de la Meurthe, le 4 décembre 1750, député à l'Assemblée Constituante, évêque constitutionnel de Blois, membre de la Convention, du conseil des Cinq-Cents, de l'Institut et du Sénat, commandant de la Légion-d'Honneur, etc., etc., mort à Paris, le 28 mai 1831.

GROS (Antoine-Jean), né à Paris en 1771, peintre, membre de l'Institut, officier de la Légion-d'Honneur, mort à Meudon près Paris, le 26 juin 1835.

A. J. GROS
P. J. DAVID
1832

KLÉBER (Jean-Baptiste), né à Strasbourg, département du Bas-Rhin, en 1754, général en chef de l'armée d'Égypte, assassiné au Caire le 14 juin 1800.

KLEBER
DAVID

LAMARTINE (Alphonse-Marie-Louis de), né à Mâcon, département de Saône-et-Loire, le 21 octobre 1791, poëte, membre de l'Académie française, député de Mâcon, ancien chargé d'affaires de France près les cours de l'Italie centrale, chevalier de la Légion-d'Honneur.

ALPHONSE
DE LAMARTINE
DAVID
1830

MANUEL (Jacques-Antoine), né à Barcelonette en Provence, département des Basses-Alpes, le 19 décembre 1775, avocat, député, mort à Paris le 20 août 1827.

**MARS BOUTET** (Hippolyte, mademoiselle), née en 1778, artiste sociétaire du Théâtre-Français.

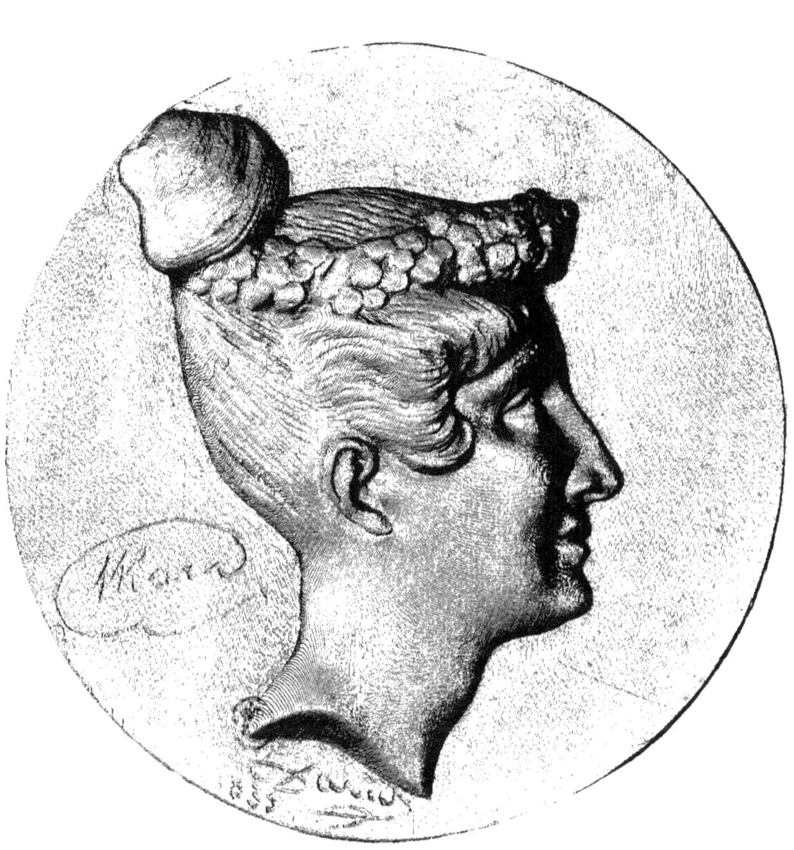

ARNAULT (Antoine-Vincent), né à Paris le 22 janvier 1766, poëte, secrétaire perpétuel de l'Académie française, mort à Paris le 16 septembre 1834.

AZAÏS (Pierre-Hyacinthe), né à Sorèze, département du Tarn, le 1er mars 1766, écrivain philosophe.

AZAIS
P.J.DAVID

BERTRAND (Henri-Gratien, comte), né à Châteauroux, département de l'Indre, ancien député du département de l'Indre, lieutenant-général, grand'croix de l'ordre de la Légion-d'Honneur, etc., etc.

BROENDSTED (Pierre - Olaus, chevalier de ), né à Worsens, en Jutland
(Danemark), le 17 novembre 1781, archéologue, antiquaire, membre de
l'Université de Copenhague, membre correspondant de l'Académie des
Inscriptions et Belles-Lettres (Institut de France), conseiller intime de léga-
tion, chevalier de l'ordre de Danebrog.

CANNING (Georges), né le 11 avril 1770, ministre des affaires étrangères de la Grande-Bretagne, mort à Chiswick près Londres le 8 août 1827.

DELACROIX (Ferdinand-Victor-Eugène), né à Charenton près Paris, le 26 avril 1799, peintre, chevalier de la Légion-d'Honneur.

DUPONT (Henriquel), né à Paris le 15 juin 1797, graveur, chevalier de la Légion-d'Honneur.

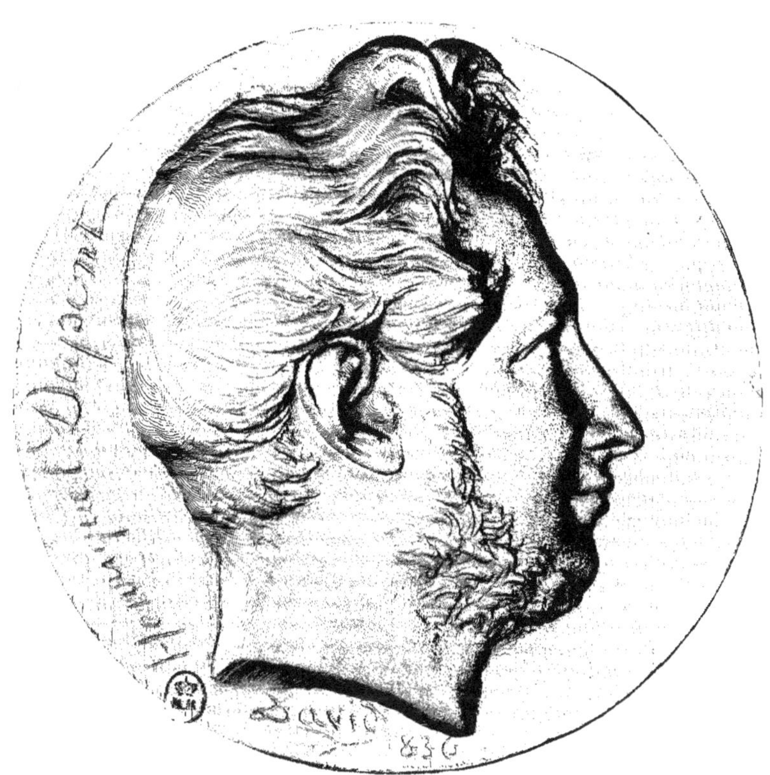

DUPRÉ (Augustin), né à Saint-Étienne-en-Forez, département de la Loire, le 6 octobre 1748, graveur en médailles, graveur général des monnaies de France, membre de plusieurs académies savantes, chevalier de la Légion-d'Honneur, mort à Armentières, département de Seine-et-Marne, le 3o janvier 1833.

GÉRICAULT (Jean-Louis-Théodore-André), né à Rouen en 1790, peintre, mort à Paris le 18 janvier 1824.

GERICAULT
PICTOR
DAVID

MONGE (Gaspard), comte de Peluse, né à Beaune, département de la Côte-d'Or, en 1747, géomètre, membre de l'Institut, grand-croix de la Légion-d'Honneur, mort à Paris le 24 juillet 1818.

RÉCAMIER (madame Jeanne-Françoise-Julie-Adélaïde BERNARD, veuve de M. Jacques-Rose Récamier, banquier), née à Lyon en 1780.

VERNET (Jean-Émile-Horace), né à Paris le 30 juin 1789, membre de l'Institut, professeur à l'École royale des Beaux-Arts, officier de la Légion-d'Honneur, chevalier de l'ordre de Saint-Stanislas de Russie, etc., etc.

HORACE
VERNET
DAVID

BÉRARD (Auguste-Simon-Louis), né à Paris le 3 juin 1783, député du département de Seine-et-Oise, ancien directeur-général des Ponts et Chaussées, officier de la Légion-d'Honneur.

BEYLE (Marie-Henri, chevalier), connu sous le nom de Stendhal, né à Grenoble le 23 janvier 1785, littérateur, ancien auditeur au Conseil d'État, consul de France dans les États Romains, chevalier de la Légion-d'Honneur.

HENRY
BEYLE
DAVID
1829

DESBORDES - VALMORE (madame Marceline DESBORDES, épouse de M. Valmore), née à Douai en 1787, poëte.

MALHERBE Salmace
DUPRÉ

GÉRARD ( François, baron ), né à Rome en 1770, peintre, officier de la
Légion-d'Honneur, mort à Paris le 11 janvier 1837.

HULLIN (Pierre-Auguste, comte), né à Genève le 6 septembre 1756, lieutenant-général, grand-officier de la Légion-d'Honneur.

HUMBOLDT (Frédéric-Henri-Alexandre, baron de), né à Berlin le 14 septembre 1769, voyageur et naturaliste, conseiller intime du roi de Prusse, chambellan, chevalier de l'Aigle-Rouge 1re classe, de l'ordre de Sainte-Anne 1re classe, de l'ordre de Saint-Wladimir, etc., etc.

ALEXANDRE DE
HUMBOLT
DAVID
1831

LALLEMAND (François), né à Metz, département de la Moselle, le 26 janvier 1790, professeur de clinique chirurgicale à Montpellier.

LENORMANT (Charles), né à Paris le 1ᵉʳ juin 1802, conservateur de la Bibliothèque royale, professeur-suppléant d'histoire à la Faculté des Lettres, chevalier de la Légion-d'Honneur.

CHARLES LENORMANT
DAVID
1830

MERLIN DE DOUAI (Philippe-Antoine, comte), né à Arleux, département du Nord, le 3o octobre 1754, député aux États-Généraux et à la Convention, ancien procureur-général près la Cour de Cassation, membre de l'Institut, grand-officier de la Légion-d'Honneur.

NODIER (Charles), né à Besançon, département du Doubs, le 29 avril 1783, littérateur, membre de l'Académie française, chevalier de la Légion-d'Honneur.

PASTA (Judith), née à Milan en 1799, cantatrice.

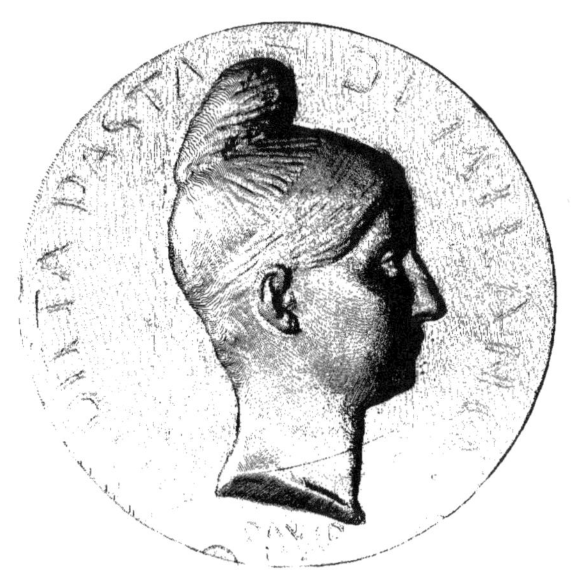

QUATREMÈRE DE QUINCY (Antoine-Chrysostome), né à Paris le
28 octobre 1785, secrétaire perpétuel de l'Académie des Beaux-Arts, officier de
la Légion-d'Honneur.

BILLARD, d'Angers (Charles-Michel), né à Pellouailles, près Angers, département de Maine-et-Loire, le 16 juin 1800, docteur en médecine, et membre de plusieurs sociétés savantes, décédé à Angers le 31 janvier 1832.

CHARLET (Toussaint), né à Paris le 20 décembre 1792, peintre, officier de la Légion-d'Honneur.

DUMAS (Alexandre-Davy de La Pailleterie), né à Villers-Coterets, département de l'Aisne, le 24 juillet 1803, homme de lettres, chevalier de la Légion-
d'Honneur.

ALEXANDRE
DUMAS
DAVID

JUSSIEU (Antoine-Laurent), né à Lyon en 1748, naturaliste-médecin,
membre de l'Institut, académie des sciences, chevalier de la Légion-
d'Honneur.

GEOFFROY SAINT-HILAIRE (Étienne), né à Étampes, département de Seine-et-Oise, le 15 avril 1772, philosophe-naturaliste, membre de l'Institut, académie des sciences, etc., etc.; professeur-administrateur du Muséum d'histoire naturelle, fondateur de la Ménagerie à Paris, officier de la Légion-d'Honneur.

MORGAN ( lady Owenson , épouse de sir Thomas-Charles , médecin et philosophe anglais), née aux environs de Dublin, en Écosse, vers 1789 , littérateur.

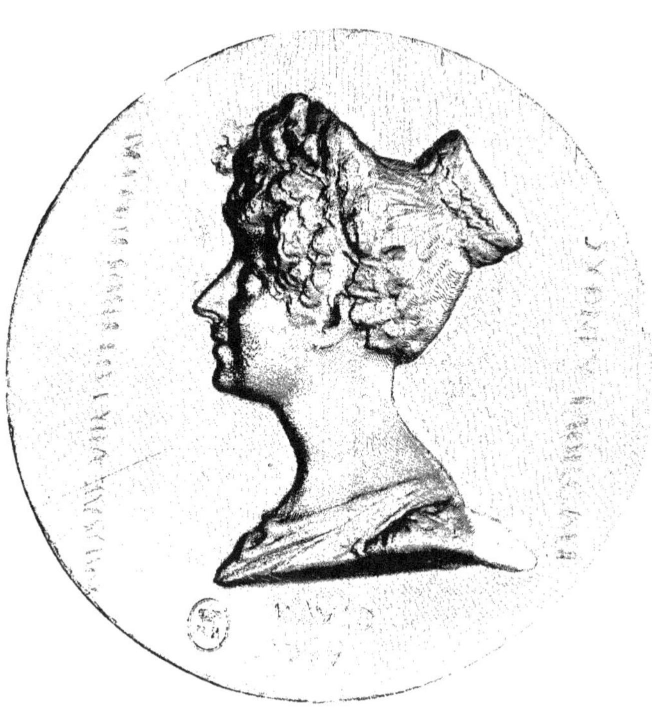

OPIE (Amélia ALDERSON, veuve de sir), née en Angleterre, en 1771, poëte.

AMELIA OPIE
DAVID

PASTORET (Claude-Emmanuel-Joseph-Pierre, marquis de), né à Marseille, département des Bouches-du-Rhône, en 1756, chancelier de France, chevalier des ordres du Roi, membre de l'Institut, académie française, grand-croix de la Légion-d'Honneur, etc.

SCHELLING (Frédéric-Guillaume de), né à Leonberg, royaume de Wurtemberg, le 27 janvier 1775, philosophe, président de l'Académie des sciences à Munich, conseiller intime du roi de Bavière, professeur de philosophie à l'Université, chevalier de l'ordre Bavarois pour le mérite civil.

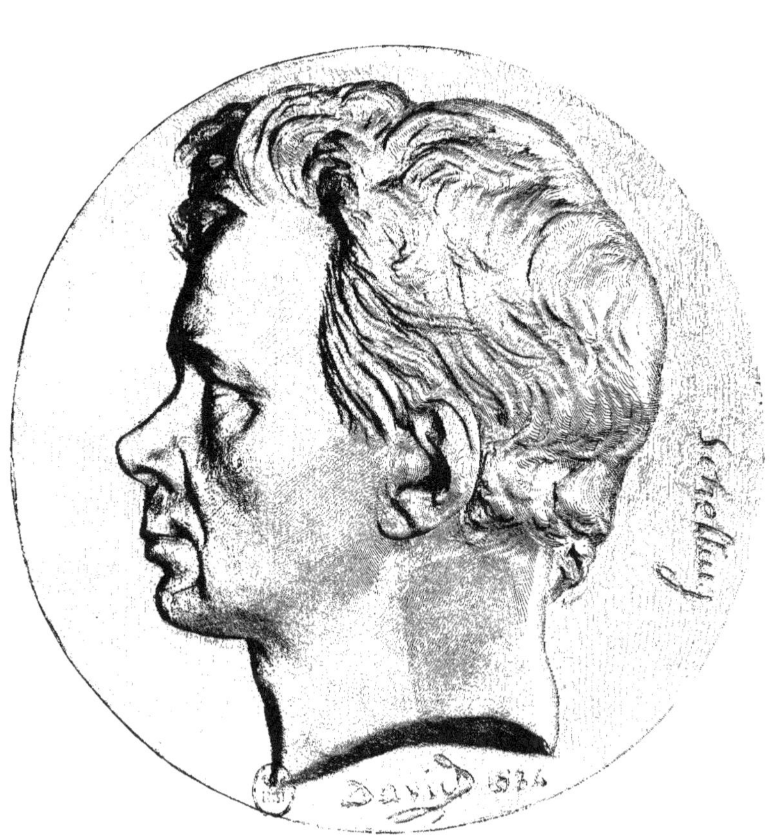
Schelling
David 1834

THÉNARD (Louis-Jacques, baron), né à la Louptière, près Nogent-sur-Seine, département de l'Aube, le 4 mars 1777, chimiste, membre de l'Institut, académie des sciences, pair de France, membre du Conseil de l'instruction publique, professeur de chimie à la Faculté des sciences, commandeur de la Légion-d'Honneur, etc., etc.

THIERRY (Augustin), né à Blois, département de Loir-et-Cher, le 10 mai 1795, membre de l'Institut, académie des inscriptions et belles-lettres, officier de la Légion-d'Honneur.

AUGUSTIN THIERRY
DAVID

VIGNY (Alfred-Victor, comte de), né à Loches en Touraine, le 27 mars 1799, poëte, ex-capitaine de cavalerie et d'infanterie de la garde, chevalier de la Légion-d'Honneur.

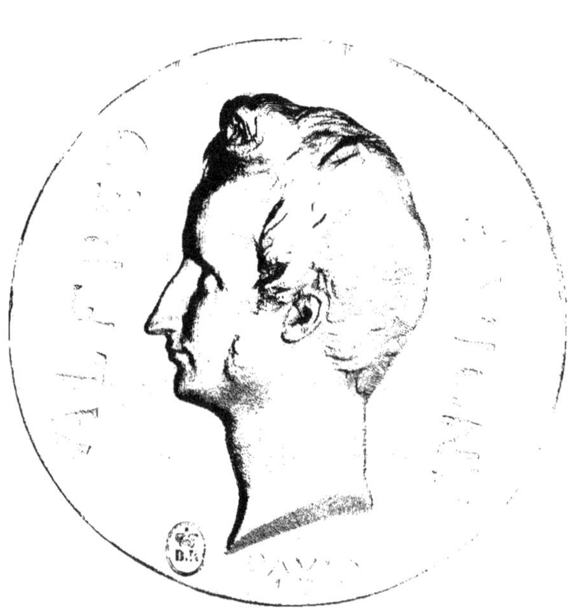

BERANGER (Pierre-Jean de), né à Paris, en 1780, poëte.

J. P. DE BERANGER
DAVID
1830

BERZÉLIUS (Jacques de), né à Linkoeping, en Suède, en 1779, chimiste, secrétaire perpétuel de l'Académie des sciences à Stockholm.

CAVAIGNAC (Marie-Étienne-Godefroy), né à Paris, en mars 1800, écrivain politique.

COUSIN (Victor), né à Paris, le 28 novembre 1792, philosophe, membre de l'Institut (Académie française et Académie des sciences morales et politiques), professeur de philosophie à la Faculté des Lettres, pair de France, membre du Conseil de l'Instruction publique, commandeur de la Légion-d'Honneur.

VICTOR COUSIN

CUVIER (Georges-Léopold-Chrétien-Frédéric-Dagobert, baron), né à Mont-
béliard, département du Doubs, le 25 août 1769, naturaliste, membre de
l'Institut (Académie française et Académie des inscriptions et belles-lettres),
secrétaire perpétuel de l'Académie des sciences, professeur d'anatomie, grand-
officier de la Légion-d'Honneur, mort à Paris, le 13 mai 1832.

GEORGES CUVIER
P. J. DAVID
1838

INGRES (Jean-Auguste-Dominique), né à Montauban, département de Tarn-et-Garonne, en 1781, peintre, membre de l'Institut (Académie des Beaux-Arts), directeur de l'Académie de France à Rome, officier de la Légion-d'Honneur.

A HUGHES
PICTOR

JOHANNOT (Alfred), né à Offenbach, Hesse-Darmstadt, le 21 mars 1800, peintre, chevalier de la Légion-d'Honneur, mort à Paris le 11 décembre 1837.

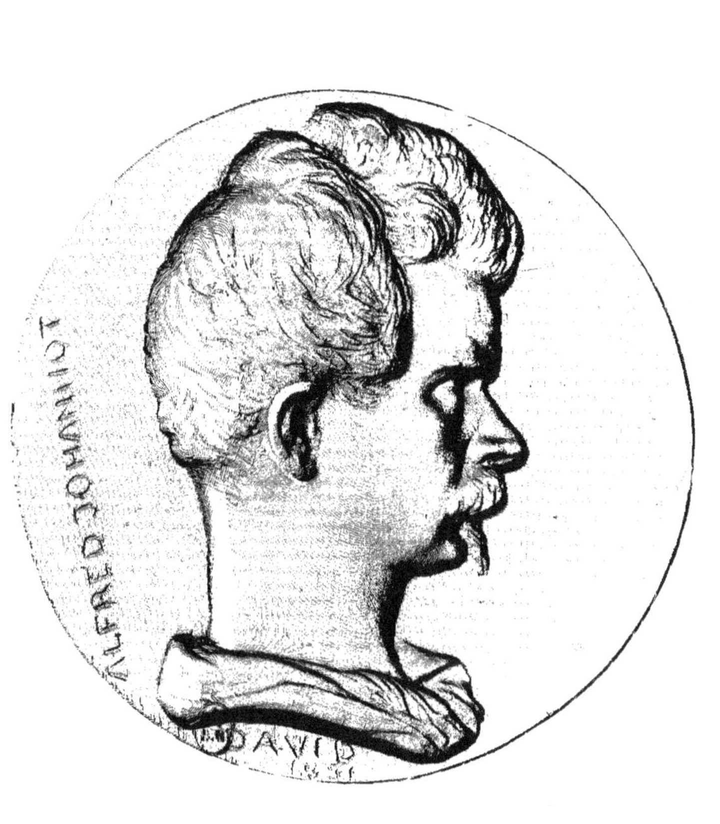

ALFRED JOHANNOT
DAVID
1831

LAFFITTE (Jacques) né à Bayonne, département des Basses-Pyrénées, en 1767, banquier, membre de la Chambre des députés, chevalier de la Légion-d'Honneur.

J. LAFITTE
DAVID
1830

LEPELETIER DE SAINT-FARGEAU (Félix, comte), né à Paris, en 1767, publiciste, député en 1815.

LINDENAU (Bernard-Auguste de), né à Altenbourg, en Saxe, le 11 juin 1780, astronome, premier ministre et président du conseil du royaume de Saxe.

ROLAND (Manon-Jeanne Phlipon), épouse de Jean-Marie Roland de la
Platière), né à Paris, en 1754, écrivain politique, décapitée à Paris le 8 novembre 1793.

TIECK (Chrétien-Frédéric) né à Berlin, le 14 août 1776, statuaire, professeur de sculpture et membre de l'Académie des beaux-arts, à Berlin.

AMPÈRE (André-Marie), né à Lyon, département du Rhône, le 22 janvier 1775, géomètre, membre de l'Institut, académie des sciences, inspecteur-général de l'Université, chevalier de la Légion-d'Honneur, mort à Marseille, département des Bouches-du-Rhône, le 10 juin 1836.

ALLART (Hortense, mademoiselle), née à Lyon, département du Rhône, en 1808, littérateur.

BALLANCHE (Pierre-Simon), né à Lyon, département du Rhône, le 4 août 1776, écrivain philosophe, chevalier de la Légion-d'Honneur.

P. S. BALLANCHE
DAVID
1830

BOETTIGER (Charles-Auguste), né à Reichenbach en Saxe, le 8 juin 1760, conseiller aulique du roi de Saxe, inspecteur en chef du Musée des antiquités de Dresde, chevalier de l'ordre du Mérite civil (Saxe), de l'ordre du Faucon (grand-duché de Saxe), et de l'ordre impérial de Saint-Wladimir de Russie, membre de plusieurs Sociétés savantes et utiles, mort à Dresde le 17 novembre 1835.

DANNECKER (Jean-Henri, de), né à Stuttgard (en Souabe), le 15 octobre 1758, sculpteur.

DULONG (Pierre-Louis), né à Rouen, département de la Seine-Inférieure, le 12 février 1785, chimiste et physicien, l'un des secrétaires perpétuels
de l'Institut, académie des sciences, directeur des études à l'École polytech-
nique, chevalier de la Légion-d'Honneur, mort à Paris le 19 juillet 1838.

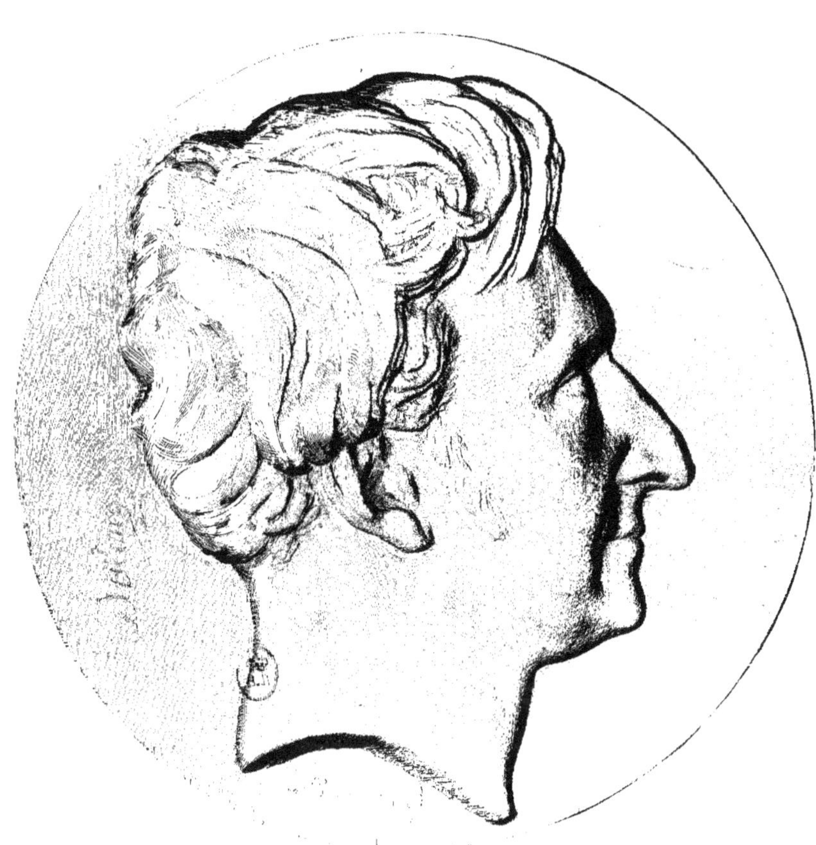

ESTIENNE (André), né à Cadenat, département du Vaucluse, le 13 octobre 1777, tambour à Arcole, chevalier de la Légion-d'Honneur, mort à Paris le 29 décembre 1837.

HARING (Alexis Wilibald), né à Dresde en Saxe, littérateur.

HAHNEMANN (Samuel-Christian-Frédéric), né à Meissen en Saxe, le 10 avril 1755, médecin, créateur de la doctrine homœopathique.

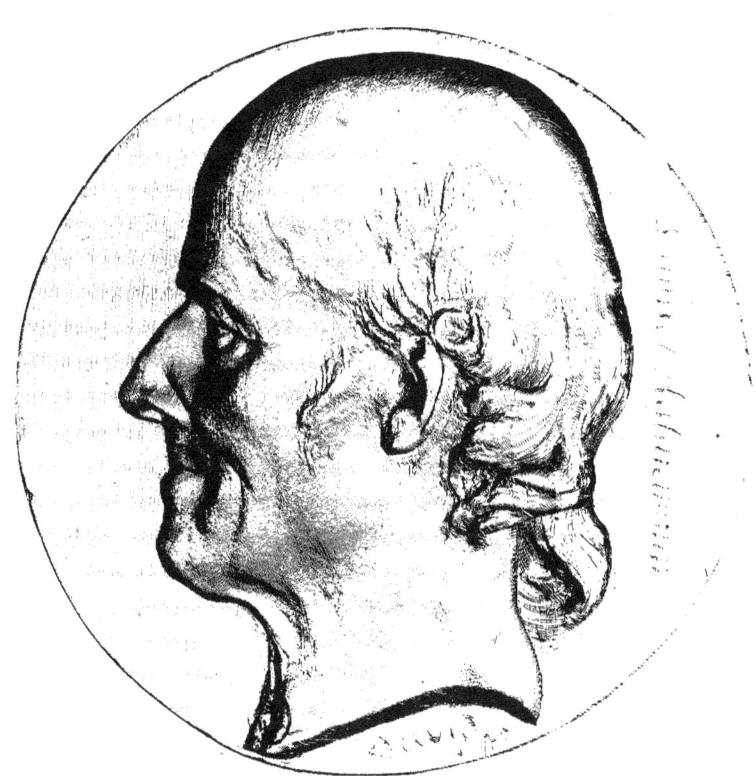

LEVASSEUR (Réné), né au Mans, département de la Sarthe, le 17 mai 1747, ancien chirurgien-accoucheur au Mans, député à la Convention.

RIVERS (George **PITT-**), baron Rivers of Sudeley-Castle, né à Londres le 16 juillet 1810, pair d'Angleterre depuis 1831.

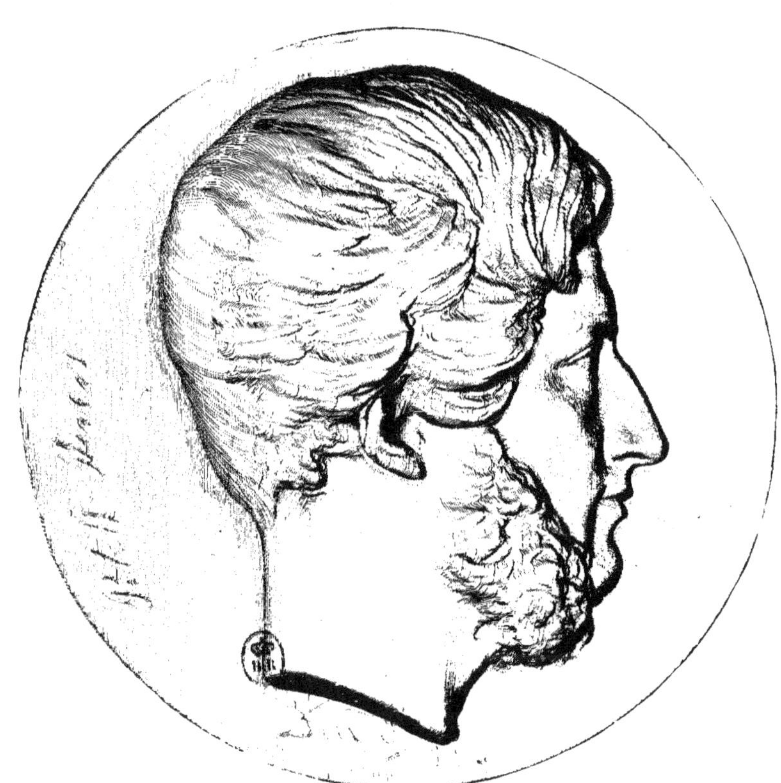

VADIER (Marc-Guillaume-Alexis), né à Pamiers, département de l'Arriége, en 1747, membre de l'Assemblée constituante et de la Convention nationale, mort à Bruxelles le 14 décembre 1828.

# COLLECTION

## DE PORTRAITS

# DES CONTEMPORAINS

D'APRÈS LES MÉDAILLONS

## De P. J. David, d'Angers,

STATUAIRE, MEMBRE DE L'INSTITUT,

PUBLIÉE SOUS LA DIRECTION DE

MM. P. J. DAVID, PAUL DELAROCHE, PEINTRE, MEMBRE DE L'INSTITUT,
ET HENRIQUEL DUPONT, GRAVEUR,

PAR LA SOCIÉTÉ DU TRÉSOR DE NUMISMATIQUE ET DE GLYPTIQUE.
*PROCÉDÉS DE M. ACHILLE COLLAS.*

---

*1re Livraison.*

| | |
|---|---|
| Arago. | Grégoire. |
| Bolivar. | Gros. |
| Carrel (Armand). | Kléber. |
| David (Madame). | Lamartine. |
| De Laroche (Paul). | Manuel. |
| Delavigne (Casimir). | Mars (Mademoiselle). |

---

# PARIS.

## AU BUREAU DU TRÉSOR DE NUMISMATIQUE ET DE GLYPTIQUE,

RUE JACOB, 30, PRÈS DE LA RUE DES PETITS-AUGUSTINS;

### ET CHEZ RITTNER ET GOUPIL, ÉDITEURS, MARCHANDS D'ESTAMPES,

BOULEVART MONTMARTRE, 15.

## 1838.

# COLLECTION

## DE PORTRAITS

# DES CONTEMPORAINS

D'APRÈS LES MÉDAILLONS

## De **P. J. David**, d'Angers,

STATUAIRE, MEMBRE DE L'INSTITUT,

PUBLIÉE SOUS LA DIRECTION DE

MM. P. J. DAVID, PAUL DELAROCHE, PEINTRE, MEMBRE DE L'INSTITUT,

ET HENRIQUEL DUPONT, GRAVEUR,

PAR LA SOCIÉTÉ DU TRÉSOR DE NUMISMATIQUE ET DE GLYPTIQUE.

PROCÉDÉS DE M. ACHILLE COLLAS.

---

*2ᵉ Livraison.*

| | |
|---|---|
| Arnault. | Dupont (Henriquel). |
| Azaïs. | Dupré. |
| Bertrand. | Géricault. |
| Broendsted. | Monge. |
| Canning. | Récamier (Madame). |
| Delacroix (Eugène). | Vernet (Horace). |

---

## PARIS.

AU BUREAU DU TRÉSOR DE NUMISMATIQUE ET DE GLYPTIQUE,

RUE JACOB, 30, PRÈS DE LA RUE DES PETITS-AUGUSTINS;

ET CHEZ RITTNER ET GOUPIL, ÉDITEURS, MARCHANDS D'ESTAMPES,

BOULEVART MONTMARTRE, 15.

1838.

# COLLECTION

## DE PORTRAITS

# DES CONTEMPORAINS

D'APRÈS LES MÉDAILLONS

## De P. J. David, d'Angers,

STATUAIRE, MEMBRE DE L'INSTITUT,

PUBLIÉE SOUS LA DIRECTION DE

MM. P. J. DAVID, PAUL DELAROCHE, PEINTRE, MEMBRE DE L'INSTITUT,
ET HENRIQUEL DUPONT, GRAVEUR,

PAR LA SOCIÉTÉ DU TRÉSOR DE NUMISMATIQUE ET DE GLYPTIQUE.
PROCÉDÉS DE M. ACHILLE COLLAS.

---

*3e Livraison.*

| | |
|---|---|
| Bérard. | Lallemand. |
| Beyle Stendhal. | Lenormant (Charles). |
| Desbordes-Valmore (Madame). | Merlin de Douai. |
| Gérard. | Nodier (Charles). |
| Hullin. | Pasta (Madame). |
| Humboldt. | Quatremère de Quincy. |

---

# PARIS.

## AU BUREAU DU TRÉSOR DE NUMISMATIQUE ET DE GLYPTIQUE,

RUE JACOB, 30, PRÈS DE LA RUE DES PETITS-AUGUSTINS;

### ET CHEZ RITTNER ET GOUPIL, ÉDITEURS, MARCHANDS D'ESTAMPES,

BOULEVARD MONTMARTRE, 15.

1838.

# COLLECTION

## DE PORTRAITS

# DES CONTEMPORAINS

D'APRÈS LES MÉDAILLONS

## De **P. J. David**, d'Angers,

STATUAIRE, MEMBRE DE L'INSTITUT.

PUBLIÉE SOUS LA DIRECTION DE

MM. P. J. DAVID, PAUL DELAROCHE, PEINTRE, MEMBRE DE L'INSTITUT,
ET HENRIQUEL DUPONT, GRAVEUR,

PAR LA SOCIÉTÉ DU TRÉSOR DE NUMISMATIQUE ET DE GLYPTIQUE.
PROCÉDÉS DE M. ACHILLE COLLAS.

*4ᵉ Livraison.*

| | |
|---|---|
| Billard (d'Angers). | Opie (Amélia lady). |
| Charlet. | Pastoret. |
| Dumas (Alexandre). | Schelling. |
| Jussieu. | Thénard. |
| Geoffroy-Saint-Hilaire. | Thierry. |
| Morgan (Lady). | Vigny (Alfred de). |

## PARIS.

AU BUREAU DU TRÉSOR DE NUMISMATIQUE ET DE GLYPTIQUE,

RUE JACOB, 30, PRÈS DE LA RUE DES PETITS-AUGUSTINS;

ET CHEZ RITTNER ET GOUPIL, ÉDITEURS, MARCHANDS D'ESTAMPES,

BOULEVARD MONTMARTRE, 15.

1838.

# COLLECTION

## DE PORTRAITS

# DES CONTEMPORAINS

D'APRÈS LES MÉDAILLONS

De **P. J. David**, d'Angers,

STATUAIRE, MEMBRE DE L'INSTITUT,

PUBLIÉE SOUS LA DIRECTION DE

MM. P. J. DAVID, PAUL DELAROCHE, PEINTRE, MEMBRE DE L'INSTITUT,
ET HENRIQUEL DUPONT, GRAVEUR,

PAR LA SOCIÉTÉ DU TRÉSOR DE NUMISMATIQUE ET DE GLYPTIQUE.

*PROCÉDÉS DE M. ACHILLE COLLAS.*

---

*5ᵉ Livraison.*

| | |
|---|---|
| Béranger. | Johannot (Alfred). |
| Berzélius. | Laffitte (Jacques). |
| Cavaignac. | Lepeletier de Saint-Fargeau. |
| Cousin. | Lindenau. |
| Cuvier. | Roland (Madame). |
| Ingres. | Tieck. |

---

# PARIS.

AU BUREAU DU TRÉSOR DE NUMISMATIQUE ET DE GLYPTIQUE,
RUE JACOB, 30, PRÈS DE LA RUE DES PETITS-AUGUSTINS;

ET CHEZ RITTNER ET GOUPIL, ÉDITEURS, MARCHANDS D'ESTAMPES,
BOULEVARD MONTMARTRE, 15.

1838.

# COLLECTION

## DE PORTRAITS

# DES CONTEMPORAINS

D'APRÈS LES MÉDAILLONS

## De P. J. David, d'Angers,

STATUAIRE, MEMBRE DE L'INSTITUT,

PUBLIÉE SOUS LA DIRECTION DE

MM. P. J. DAVID, PAUL DELAROCHE, PEINTRE, MEMBRE DE L'INSTITUT, ET HENRIQUEL DUPONT, GRAVEUR,

PAR LA SOCIÉTÉ DU TRÉSOR DE NUMISMATIQUE ET DE GLYPTIQUE.

*PROCÉDÉS DE M. ACHILLE COLLAS.*

*6ᵉ Livraison.*

| | |
|---|---|
| Ampère. | Estienne (André). |
| Allart (Mademoiselle. | Haring. |
| Ballanche. | Hahnemann. |
| Boettiger. | Levasseur. |
| Dannecker. | Rivers (George Pitt-). |
| Dulong. | Vadier. |

## PARIS.

AU BUREAU DU TRÉSOR DE NUMISMATIQUE ET DE GLYPTIQUE,

RUE JACOB, 30, PRÈS DE LA RUE DES PETITS-AUGUSTINS;

ET CHEZ RITTNER ET GOUPIL, ÉDITEURS, MARCHANDS D'ESTAMPES,

BOULEVARD MONTMARTRE, 15.

1838.